AF390305

1884 Décembre 7

TABLEAUX

PAR

Léon Richet

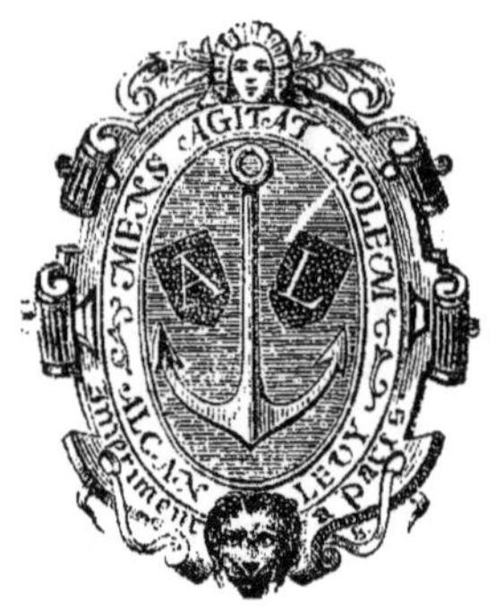

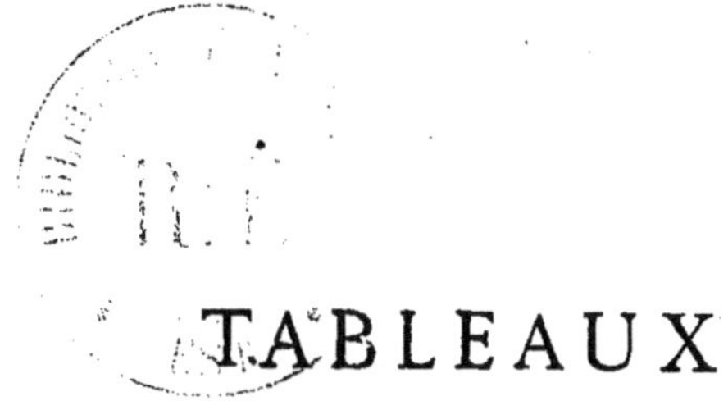

TABLEAUX

PAR

LÉON RICHET

TABLEAUX

PAR

LÉON RICHET

dont la vente aura lieu

HOTEL DROUOT

SALLE N° 3

Le Lundi 8 Décembre 1884, à 3 heures

COMMISSAIRE-PRISEUR

M° Henri LECHAT, 6, rue Baudin (square Montholon)

EXPERT

M. Jules CHAINE, 5, rue de la Paix

Chez lesquels se trouve le Catalogue

EXPOSITION PUBLIQUE

LE DIMANCHE 7 DÉCEMBRE 1884

De 1 heure à 5 heures

CONDITIONS DE LA VENTE

Elle sera faite au comptant.

Les acquéreurs paieront cinq pour cent en sus des adjudications.

Imprimerie Alcan-Lévy, 18, passage des Deux-Sœurs

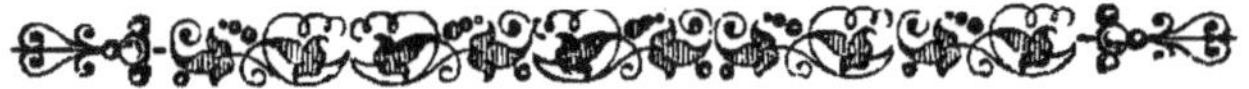

TABLEAUX

DÉSIGNATION :

1 — Chaumière en Picardie.

2 — Chemin sous bois.

3 — Petit bois, près Compiègne.

16 — MARÉE BASSE, près Cayeux.

17 — CHEMIN DES SABLONS, à Moret.

18 — MARE DANS LES PLAINES DE MONTARGIS.

19 — VIEUX CHAUME, près Dieppe.

20 — BORDS DE L'ALLIER, près Montluçon.

21 — HAMEAU, près Moret.

22 — PETIT HAMEAU, en Picardie.

23 — ETUDE DE HÊTRE, à Fontainebleau.

24 — ETUDE DE CHÊNE, à Fontainebleau.

25 — MARE A CESSON, près Melun.

26 — BOIS PRÈS DES SABLONS; Moret.

27 — MOULIN PRÈS GAMACHE; Tréport.

38 — Près Montargis.

39 — Chaumière dans les Bois.

40 — Reclose, près Fontainebleau.

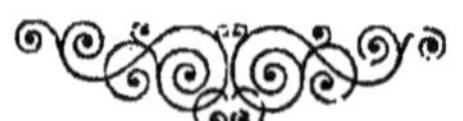

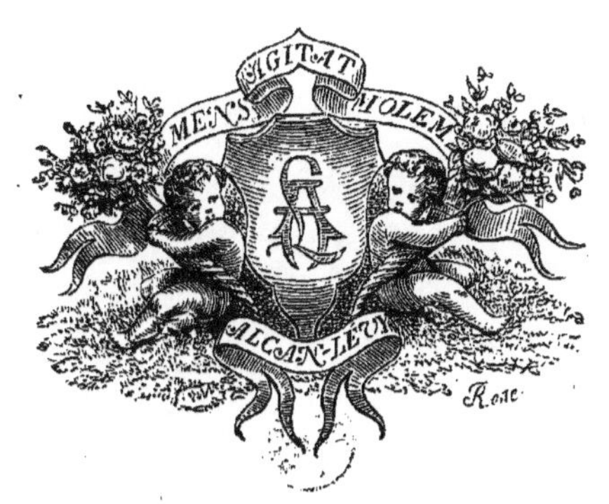
MENS AGITAT MOLEM
A.LCAN-LEVY
R. sc

www.ingramcontent.com/pod-product-compliance
Lightning Source LLC
LaVergne TN
LVHW020904200726

843508LV00003B/1328